DE L'APPLICATION

DE L'ACT TORRENS

DANS LA RÉGENCE DE TUNIS

ET DES MODIFICATIONS A APPORTER A LA LOI FONCIÈRE

PAR M. ADRIEN LECLERC

ANCIEN CONSEILLER A LA COUR D'ALGER

PRÉSIDENT DU TRIBUNAL MIXTE IMMOBILIER

TUNIS

IMPRIMERIE RAPIDE (LOUIS NICOLAS ET Cie)

1899

DE L'APPLICATION DE L'ACT TORRENS

DANS LA RÉGENCE DE TUNIS

ET DES MODIFICATIONS A APPORTER A LA LOI FONCIÈRE

DE L'APPLICATION
DE L'ACT TORRENS
DANS LA RÉGENCE DE TUNIS
ET DES MODIFICATIONS A APPORTER A LA LOI FONCIÈRE

PAR M. ADRIEN LECLERC

ANCIEN CONSEILLER A LA COUR D'ALGER

PRÉSIDENT DU TRIBUNAL MIXTE IMMOBILIER

TUNIS

IMPRIMERIE RAPIDE (LOUIS NICOLAS ET Cie)

1899

DE L'APPLICATION DE L'ACT TORRENS
DANS LA RÉGENCE DE TUNIS
ET DES MODIFICATIONS A APPORTER A LA LOI FONCIÈRE

PREMIÈRE PARTIE
De l'immatriculation foncière

Un écrivain, cherchant à expliquer les causes qui, d'après lui, retardaient la marche de la colonisation en Algérie, et s'occupant incidemment de sa sœur puînée, la Tunisie, disait de l'œuvre de l'immatriculation dans ce dernier pays :

« L'act Torrens en vigueur dans la Tunisie est loin d'avoir produit « les heureux résultats qu'on en espérait. Le nombre des proprié- « taires qui y a adhéré est bien petit. »[1]

Cet écrivain, auquel une longue pratique de la langue arabe et des affaires indigènes, aurait dû peut-être donner plus de réserve dans ses appréciations et plus de justesse dans ses prédictions, sera bien forcé de reconnaître, avec la bonne foi que nous lui connaissons d'ailleurs, qu'il s'est gravement trompé dans son pronostic, quand il aura jeté un coup d'œil sur les tableaux que nous publions ci-après.

La seule excuse de notre auteur est d'avoir tracé ces lignes en 1891 ; jusqu'à ce moment, en effet, et pour des causes que nous ferons connaître plus loin, les demandes d'immatriculation n'avaient pas été bien nombreuses ; mais si la quantité n'y était pas, la qualité y était peut-être ; car de grands propriétaires terriens avaient pris l'initiative de cette œuvre grandiose de l'immatriculation des immeubles en Tunisie, œuvre qui est un des éléments de sa prospérité et la fait marcher plus vite dans la voie du progrès, au moins sous ce rapport, que sa sœur aînée l'Algérie.

Une étude rapide sur l'immatriculation dans notre jeune colonie et la publication des résultats obtenus jusqu'à ce jour démontreront, au contraire, combien l'application de l'act Torrens s'est développée rapidement en Tunisie et combien nombreux sont les propriétaires qui ont adhéré à cette œuvre excellente.

(1) GOURGEOT, ancien interprète principal de l'armée d'Afrique : *Les Sept Plaies d'Algérie*, p. 130.

I

Établissement de la loi foncière en Tunisie
Motifs de sa promulgation

Quand nous sommes arrivés en Tunisie, et que nous y avons organisé le Protectorat, nous y avons trouvé la propriété peut-être plus solidement établie qu'en Algérie, tout au moins dans le Tell ou dans certaines villes de la Régence ; mais la constitution de cette propriété était encore bien rudimentaire, et le nombre considérable des terres incultes laissait les propriétaires assez insouciants sur l'étendue et la détermination bien précise de leurs droits. Nous ne voulons point aborder, quant à présent, une étude complète sur la façon dont était organisée la propriété en Tunisie, lors de l'établissement du Protectorat : cette étude, nous nous proposons de la faire plus tard, et quand nous aurons plus de loisirs ; qu'il nous suffise de dire, pour le moment, que tout existait à l'état rudimentaire au point de vue des plans, du cadastre et de l'assiette de la propriété.

Le régime hypothécaire, tel que l'a organisé notre Code civil, y était absolument inconnu, et l'emprunt gagé se réalisait de deux manières : soit en livrant au créancier le titre arabe de la propriété, soit en lui donnant cette propriété en antichrèse, c'est-à-dire en le laissant s'y installer et en percevoir les fruits jusqu'au complet remboursement de la dette.

Tout restait d'ailleurs dans le vague si plusieurs créanciers se disputaient l'immeuble ou si les limites n'en étaient pas determinées, ce qui était le cas pour le plus grand nombre des propriétés rurales et même pour quelques immeubles urbains.

Les biens de main-morte, appelés biens habous ou ouakaf [1] qu'on évalue aujourd'hui encore au tiers des immeubles de la Régence, étaient pour ainsi dire complètement en dehors du commerce et de la circulation ; et si l'institution avait eu quelques bons côtés dans son principe, elle menaçait de constituer un danger sérieux pour notre

[1] Suivant un savant auteur (M. Mercier), le habous est une donation d'usufruit faite à perpétuité. Pour en assurer l'éxécution, le constituant place l'immeuble qui en est frappé sous séquestre (sens exact des mots habous et ouakaf) et il reste propriétaire de la nue propriété. Une constitution de habous est faite soit en faveur de particuliers, soit au profit d'une fondation religieuse, ou d'une mosquée. Dans le premier cas, elle a pour but de conserver l'immeuble dans la famille (car l'immeuble habous est inaliénable), ou de le soustraire à la confiscation du prince ; dans le second cas, elle a pour but de constituer des revenus au profit d'établissements religieux ou d'utilité publique.

Protectorat, si nous ne cherchions pas à la réglementer, ou tout au moins à modifier l'esprit avec lequel certains musulmans fanatiques voulaient appliquer la lettre des règlements à cette institution.

Une loi foncière, appropriée aux besoins du pays, s'imposait donc dès les premiers temps de l'établissement du Protectorat.

II

Promulgation de la loi foncière — Motifs de son établissement Ses grandes lignes

En 1885, une Commission présidée par M. Cambon,[1] résident général de la République Française en Tunisie, se réunissait et élaborait une loi sur la propriété foncière, qui, n'étant point soumise aux rouages un peu compliqués de notre système législatif français, était presque immédiatement promulguée et appliquée. Elle avait pour but de constituer rapidement et simplement la propriété en Tunisi, ce que nos législateurs ont tenté de faire à maintes reprises, et j'ose presque dire vainement, en Algérie, au moyen de lois, décrets et sénatus-consultes successifs.

La loi foncière promulguée en Tunisie réalisait, au moyen de procédés aussi simples que possible cette œuvre difficile de la constitution de la propriété en pays musulman : en même temps qu'au moyen de cette loi on constituait la propriété, on établissait les éléments du cadastre le plus complet et le plus minutieux que puisse souhaiter un pays neuf et qui ne demande qu'à marcher dans la voie du progrès.

III

Principales dispositions de la Loi foncière en ce qui concerne l'immatriculation Du Tribunal mixte

Les grandes lignes de cette loi foncière, en ce qui concerne spécialement l'immatriculation, sont les suivantes :

Le propriétaire et le copropriétaire, l'enzeliste et le coenzeliste,[2]

(1) A M. Paul Cambon revient l'honneur d'avoir eu l'heureuse idée d'appliquer l'act Torrens dans la Régence. L'ambassadeur de la République Française près S. M. Britannique, sera heureux de constater les féconds résultats qu'à produits cette grande pensée.

(2) L'enzel est un contrat spécial à la Tunisie ; il est défini ainsi par la loi foncière : « L'enzel est une propriété foncière grevée d'une rente perpétuelle ». En réalité, le

les détenteurs de certains droits réels, les créanciers hypothécaires, en certain cas prévus par la loi, peuvent requérir l'immatriculation de la propriété qu'ils détiennent ou qui leur est donnée en gage, c'est-à-dire obtenir, après une certaine procédure, la délivrance d'un titre sûr de propriété, accompagné d'un plan terrier absolument précis. Cette procédure, en même temps qu'elle donne à l'immeuble une consistance juridique certaine, le purge en même temps de toutes les charges réelles, apparentes ou occultes qui pouvaient le grever, en tant que ces charges ne se sont pas révélées dans un délai fixé par la loi.

Après que le requérant a déposé sa demande avec pièces à l'appui à la Conservation foncière, un système de publicité est spécialement organisépour faire connaître aux intéressés, avec le plus de précision possible,la consistance de l'immeuble à immatriculer (publications de la réquisition et du jour du bornage au *Journal Officiel Tunisien*, affichage du placard, annonces dans les marchés, etc., etc.); un géomètre du Service Topographique procède d'abord au bornage provisoire de la propriété, puis, dans un délai très court, au levé du plan définitif. L'affaire est ensuite portée devant un Tribunal spécial, appelé Tribunal mixte, parce qu'il est composé de magistrats français et indigènes; ce Tribunal juge sans aucun recours les contestations que peut soulever le bornage provisoire. Il a, en même temps, la haute mission de protéger les incapables, les mineurs, les absents, de découvrir les manœuvres dolosives qui peuvent se dissimuler sous une demande d'immatriculation et d'empêcher ainsi, dans la mesure du possible, des spoliations que certains spéculateurs peu scrupuleux seraient tentés de commettre, en déposant leur réquisition d'immatriculation. Pour ne citer que quelques-unes de ces fraudes, il est arrivé qu'une femme, profitant de ce que son mari et ses enfants étaient internés dans une maison de santé, s'est empressée de demander, sans être assistée du curateur ni autorisée par justice, l'immatriculation d'un immeuble à son nom; ne faisant pas connaître l'origine des deniers avec lesquels elle avait acquis l'immeuble, ses titres d'ailleurs n'indiquant pas exactement comment elle en était propriétaire, elle aurait pu ainsi, si l'at

contrat d'enzel consiste dans l'acquisition d'une propriété moyennant une rente annuelle et perpétuelle. En matière de biens habous, cette rente n'est point rachetable; elle l'est en matière de biens melk, c'est-à-dire privés. Un colon qui n'a pas les fonds nécessaires pour acheter une propriété au comptant, peut le faire moyennant une certaine somme payèe annuellement. Il ne faut pas que cette annuité soit trop élevée, car s'il arrive une mauvaise année et que le colon s'attarde à payer l'enzel, le créditrentier peut saisir l'immeuble et le faire vendre aux enchères.

tention du Tribunal n'avait pas été mise en éveil, accaparer toute la fortune de son mari et de ses enfants.

C'est ainsi encore qu'une femme, se disant, celle-là, assistée de son mari, a demandé l'immatriculation à son nom d'un immeuble sur lequel elle avait conféré des hypothèques importantes, toujours assistée de son mari, qui avait signé ces actes de constitution de gage; et quand le président du Tribunal, dont l'attention avait été mise en éveil par certaines pièces du dossier, a demandé la production du contrat de mariage, afin de savoir sous quel régime elle était mariée, il s'est trouvé que cette femme n'était pas mariée du tout, et que le Tribunal allait ainsi consacrer des actes frauduleux qui avaient échappé à l'attention du juge-rapporteur. Les hommes mariés, de leur côté, et notamment les indigènes, pourraient, si on ne surveillait de près certains agissements, léser des femmes, des mineurs, des incapables, étant donnée surtout la puissance réservée au chef de famille chez les Musulmans. C'est là le côté le plus délicat de la tâche difficile et périlleuse qui est imposée au Tribunal mixte, et c'est à empêcher ces spoliations que doivent tendre les efforts consciencieux et généreux du juge-rapporteur qui est attaché à ce Tribunal.

IV

Du Juge-rapporteur au Tribunal mixte

Le rôle de ce magistrat est des plus importants. C'est lui qui remplit au Tribunal mixte les fonctions attribuées aux avoués dans les tribunaux civils; c'est lui qui doit composer le dossier d'immatriculation; c'est lui qui est chargé de toute la procédure; lui qui doit sommer les opposants de produire leurs requêtes d'opposition avec les pièces à l'appui; c'est lui enfin qui doit veiller aux intérêts des mineurs, des absents et des incapables, et empêcher ces spoliations dont nous parlions plus haut.

La moindre omission de la part du juge-rapporteur peut entraîner des conséquences désastreuses. C'est ainsi qu'un juge rapporteur ayant omis de sommer des opposants qui avaient fait opposition lors du bornage provisoire, et ceux-ci n'étant pas intervenus à une procédure à laquelle ils étaient gravement intéressés, se sont plaints d'avoir été dépouillés d'une propriété importante par le jugement d'immatriculation; le juge rapporteur pouvait alléguer, pour excuser son omission, que le géomètre du Service Topographique l'avait lui-même induit en erreur dans son procès-verbal de bornage, en énonçant que les opposants avaient semblé déclarer qu'ils revendiquaient au nom de l'Etat, et que l'Etat avait été mis en cause. Le géomètre n'est pas tenu de savoir l'arabe, et c'est au Tribunal mixte à recevoir les explications détaillées des opposants.

En somme, des opposants ainsi tenus en dehors d'une procédure à laquelle ils devraient être appelés n'ont plus de recours contre l'immeuble, mais une action en dommages-intérêts contre le requérant ou les auteurs du dommage, et seulement en cas de dol. C'est un procès coûteux à soutenir devant le Tribunal civil, et le dol n'est pas toujours facile à établir.

Les jugements prononçant l'immatriculation sont en effet sans recours possible, au point de vue de la consistance de la propriété. Ils ne peuvent être revisés qu'au point de vue des erreurs matérielles consistant en une faute *d'écriture, de chiffre ou de dessin*, qui peuvent se glisser dans la procédure et dans le titre, mais sans que cette revision puisse toucher en rien à la propriété et aux charges réelles qui la grèvent, telles qu'elles sont établies dans le jugement d'immatriculation. Aussi, le juge-rapporteur doit-il procéder avec la plus grande circonspection, lire attentivement les titres produits à l'appui de la demande, relire plutôt deux fois qu'une le procès-verbal de bornage provisoire où sont consignées et souvent bornées les revendications.

Nous verrons plus loin, lorsque nous nous occuperons des réformes à introduire à la loi foncière, qu'un genre de fraude peut se commettre dans l'immatriculation des propriétés urbaines, fraude à laquelle il pourrait être apporté un remède facile.

V

Suite de la Procédure devant le Tribunal mixte. Du titre délivré par le Conservateur

Le jugement rendu par le Tribunal est adressé au Conservateur de la Propriété foncière, lequel, sur le vu de ce document, dresse un titre, et ce titre, auquel est joint le plan de l'immeuble, forme le point de départ unique de la propriété et annule tous les titres et tous les droits antérieurs qui n'y sont pas inscrits à nouveau. Ce titre définitif permet à son détenteur de mobiliser pour ainsi dire son immeuble, de l'engager, de le vendre en donnant à l'acquéreur ou au créancier gagiste la sécurité la plus complète.

Nous avons dit plus haut que les décisions du Tribunal mixte étaient sans recours.

Ce pouvoir considérable n'est attribué aux décisions du Tribunal mixte qu'en certains cas ; par une anomalie assez bizarre, toutes les fois que le Tribunal mixte prononce le rejet d'une opposition, sa sentence est définitive ; quand, au contraire, il admet une opposition, déclare bien fondée la revendication et rejette l'immatriculation en tout ou en partie, les parties peuvent se pourvoir devant les tribunaux compétents pour la parcelle ainsi exclue. Il y a lieu de remarquer qu'en rejetant une opposition, le Tribunal peut englober définitivement dans le domaine du requérant une propriété de 10.000 hectares, comme cela est arrivé pour l'Enfida, dont nous parlerons plus loin.

Ce pouvoir considérable attribué en certains cas aux décisions du Tribunal mixte a frappé l'esprit des législateurs qui ont introduit la loi foncière à Madagascar. Cette loi, qui régit notre grande île africaine, a été calquée en grande partie sur notre loi foncière en Tunisie.(1) Toutefois, lorsque l'immeuble dont on demande l'immatriculation dépasse une certaine valeur, les décisions du tribunal qui juge les contestations sont susceptibles de recours devant un tribunal supérieur.

Lorsque nous nous occuperons des réformes qu'il y aurait lieu d'introduire dans l'organisation du Tribunal mixte, nous nous demanderons s'il ne conviendrait pas d'apporter de ce chef des modifications à la loi foncière, sauf à ne pas préjudicier d'ailleurs à la rapidité qu'exige l'instruction des instances d'immatriculation.

Telles sont les grandes lignes de cette loi qui atteignait ainsi le but auquel ont vainement tendu les auteurs de la loi du 26 juillet 1873 en Algérie, dont le texte, mal ou trop rapidement élaboré, a trahi la pensée de ceux qui l'avaient mise au jour. (2)

(1) Les documents qui ont servi de base à la loi foncière introduite à Madagascar ont été fournis à M. le Procureur général de Tananarive par M. le Procureur de la République de Tunis, qui avait bien voulu s'adresser au Président du Tribunal mixte pour les lui fournir.

(2) L'intention bien formelle, à notre avis, des auteurs de cette loi de 1873 était qu'elle devait, tout en constituant rapidement la propriété, servir de base à un cadastre de l'Algérie. C'était l'opinion de M. le Premier Président Cammartin et du regretté et remarquable professeur à l'Ecole de Droit d'Alger, M. Dain. Quelques obscurités de rédaction ont amené la Cour d'Alger et la Cour de Cassation ensuite à ne soumettre à l'application de cette loi que les terres purement musulmanes, et à laisser en dehors de l'immense échiquier formé par la parcelle du territoire dans laquelle opérait le

VI

Débuts de l'application de la loi foncière

Les débuts de la mise en application de la loi foncière pouvaient, dans une certaine mesure, donner raison aux appréciations pessimistes de l'honorable M. Gourgeot.

La première année, il se produisait seulement 22 demandes d'immatriculation portant sur 13.000 hectares environ, et d'une valeur de 1.300.000 fr. en chiffres ronds. [1] La 2e année, 16 réquisitions étaient déposées; la 3e année, 33; la 4e année, 44; la 5e année 44; la 6e année, 35. C'était un heureux temps pour les fonctionnaires chargés de l'application de l'act Torrens, et pour le Tribunal qui avait pour mission de juger les contestations. Tous pouvaient redire ces paroles du poète;

« *Deus nobis hœc otia fecit.* »

La lenteur qu'apportaient les propriétaires à requérir l'immatriculation avait évidemment une cause : c'était en effet le prix trop élevé auquel étaient fixées les opérations nécessaires pour obtenir leur titre; par exemple, une demande d'immatriculation d'une propriété de 3.000 hectares nécessitait un dépôt de 4.500 fr. comme provision pour les frais; le minimum de consignation, si faible que fût l'importance de l'immeuble, était de 200 fr., et ces chiffres ne représentaient qu'une partie de la somme à verser, si des expertises étaient ordonnées dans le cours de la procédure d'immatriculation.

Les droits entiers et arriérés de mutation étaient exigés par le conservateur; il était arrivé que celui-ci avait dû réclamer pour un seul immeuble de 700 hectares, estimé 100.000 fr., une somme de 20.000 fr. à titre d'arriérés de droits de mutation.

Commissaire-enquêteur, les cases représentant les terres déjà munies de titres français, notariés ou judiciaires plus ou moins clairs et précis. Dans ces conditions, et appliquée d'ailleurs d'une façon parfois un peu fantaisiste par certains commissaires enquêteurs, la loi de 1873 n'offrait plus qu'une utilité très contestable. Elle occasionnait des dépenses énormes à l'Etat, et n'avait de résultat utile qu'à l'égard des terres indigènes qui n'avaient qu'une très minime valeur, eu égard à celle des terres déjà *francisées,* pour employer ce néologisme. Cette loi n'est d'ailleurs plus appliquée aujourd'hui : on en est revenu à la simple application du sénatus-consulte de 1863, et on a promulgué récemment une loi [a] foncière qui se rapproche un peu de celle qui fonctionne en Tunisie.

[a] Loi du 16 février 1897.

[1] Nous donnons plus loin le tableau complet des réquisitions déposées à la Conservation foncière depuis 1886 jusqu'au 1er janvier 1899; le nombre d'hectares qu'elles comprenaient, le nombre d'hectares immatriculés, etc., etc.

VII

Première revision de la loi foncière

Vers la fin de 1890, une Commission fut invitée, par M. le Résident Général Massicault, à rechercher les mesures propres à développer l'application de la loi foncière.

Cette Commission prenait en principe les décisions suivantes :

Dégrèvements sur les traductions en français des vieux titres arabes : [1] diminution des formalités de l'immatriculation, forfait des frais d'immatriculation, réduction des droits de mutation, etc.

Telles étaient, dans leurs grandes lignes, les mesures prises par la Commission.

Comme si une secousse électrique avait réveillé les propriétaires tunisiens, les demandes d'immatriculation s'élevaient subitement à 293 en 1892, à 467 en 1893, à 487 en 1894, à 571 en 1895, à 633 en 1896, à 572 en 1897 : elles ont été de 582 jusqu'au 1er décembre 1898. Ce nombre insolite et inattendu de réquisitions ne laissa pas que de surprendre tous les chefs de service, et les bienheureux loisirs dont j'ai parlé plus haut faisaient place à un labeur énorme et opiniâtre.

VIII

Du Service Topographique

Le service topographique, qui est le rouage le plus intimement lié à l'œuvre de l'immatriculation et non le moins important, ne comptant pas sur une pareille avalanche de réquisitions, n'avait pas eu le temps de former le nombre de géomètres nécessaires pour répondre à ces nombreuses demandes. [2]

(1) Ces vieux titres arabes sont curieux à voir. Ils consistent en des bandes de parchemin qui atteignent parfois plusieurs mètres de longueur. Ils contiennent pour ainsi dire l'historique de la propriété depuis des centaines d'années, et indiquent la généalogie de la famille depuis un temps pareil. Les indigènes tiennent beaucoup à ces titres, qui leur redisent un peu l'histoire de leur immeuble et aussi de leur famille. C'est même une des raisons pour lesquelles les indigènes ne recourent pas plus souvent à l'immatriculation. Car le Conservateur délivre un titre nouveau, écrit en français, et qui n'est même pas traduit en arabe, et en même temps il annule et annexe le vieux titre arabe à ses archives. Nous verrons plus loin le remède qu'il y a lieu d'apporter à cet état de choses.

(2) Disons tout de suite qu'à la suite des mesures prises de concert entre l'honorable M. Piat, son directeur, et le Président du Tribunal mixte, ce service est à peu près à jour aujourd'hui et fonctionne d'une façon satisfaisante. Nous donnons ci-après le détail des mesures qui ont été prises.

Lorsque le Président actuel du Tribunal mixte prit la direction de son service en mai 1896, il constata avec regret que deux articles très importants de la loi foncière étaient tombés en désuétude et n'étaient plus appliqués. [1] Les bornages provisoires étaient faits et les plans déposés bien après l'expiration des délais fixés, et il n'était plus demandé au Président du Tribunal mixte de prorogation de délais dans aucun cas, contrairement aux dispositions de l'art. 30. C'est alors que le Président ayant prié M. le Chef du service topographique de se conformer à la loi, il se trouva qu'il y avait au moins 300 plans qui n'étaient pas déposés dans les délais et pour lesquels il n'avait pas été fait de demandes de prorogation.

L'honorable M. Piat reconnut lui-même de très bonne foi que son Service était absolument débordé par suite du nombre insolite de réquisitions qui avaient été déposées depuis l'année 1892, et il demanda en conséquence au Président du Tribunal d'être, pendant une certaine période, très large dans l'acceptation des motifs qu'il présenterait pour obtenir prorogation des délais. M. le Chef du service topographique s'engageait d'ailleurs à former des géomètres et à prendre toutes les mesures nécessaires pour hâter les instances d'immatriculation. C'est ce qu'a fait en effet ce haut fonctionnaire, et le dernier état de demandes de prorogations formulé par M. Piat [2] ne contenait plus que 10 plans pour lesquels il était nécessaire de former des demandes de prorogations de délais, et ces demandes étaient fortement motivées.

Le Président du Tribunal mixte peut donc aujourd'hui n'accorder qu'exceptionnellement et pour des motifs graves les prorogations de délais.

Le rôle du service topographique est très complexe; c'est un géomètre de ce service qui doit faire le bornage provisoire de la propriété en instance d'immatriculation; c'est lui qui doit lever le plan définitif; c'est lui qui doit faire les rectifications ordonnées par les jugements du Tribunal mixte; c'est enfin ce service qui doit borner tous les morcellements de propriété qui surviennent pendant l'instance; ceux aussi qui se produisent après la délivrance du titre. Nous nous

(1) Aux termes des art. 26 et 29 de la loi foncière, le Chef du service topographique doit faire procéder au bornage provisoire et au levé du plan dans des délais très courts. Aux termes de l'art. 30, si, pour un motif quelconque, ces délais ne peuvent être observés, le Chef de ce service doit adresser une demande de prorogation au Président du Tribunal mixte qui ne doit accorder qu'exceptionnellement cette prorogation et par une ordonnance motivée.

(2) Etat du mois de novembre 1898.

demanderons plus loin s'il n'y aurait pas lieu d'apporter, au sujet des bornages provisoires et des morcellements, quelques modifications qui, sans nuire à la précision des opérations, permettraient à ce service d'opérer plus rapidement encore qu'il ne le fait à ce jour.

Indiquons de suite ici le temps approximatif que devrait durer une procédure d'immatriculation, sans difficultés et sans oppositions.

Théoriquement, il devrait être fixé à peu près ainsi :

1° Il est accordé au Conservateur dix jours pour envoyer les pièces au service topographique, ci..................	10 jours
2° Il est accordé au Chef de ce service quarante-cinq jours au maximum pour faire commencer les opérations de bornage, ci..	45 —
3° Le plan doit être déposé dans les trois mois qui suivent la clôture du bornage provisoire, ci....................	90 —
En tout.....	145 jours

ou cinq mois au maximum, pour les petites propriétés où aucune difficulté ne se présente.

M. le Chef du service topographique, dans une lettre que nous publions aux annexes, estime qu'au lieu de cinq mois et demi, c'est un délai de sept mois à sept mois et demi qu'il faut prévoir entre le dépôt de la réquisition et la remise du dossier complet au service topographique.

C'est à l'observation de ce délai que ce service est arrivé pour la ville de Tunis ; le même résultat semble acquis pour la région de Sousse (contrôles de Sousse et de Kairouan), pour celle de Sfax (moins les contrôles de Gafsa et de Tozeur), soit 70 % des affaires.

Il est bien entendu que l'instance d'immatriculation ne peut être renfermée dans ces délais si le procès-verbal de bornage provisoire dure plusieurs mois, comme cela est arrivé pour la propriété de l'Enfida (d'environ 100.000 hectares), et si des contestations nombreuses et importantes se produisent, également comme dans cet immense domaine, où le Tribunal a eu à statuer sur plus de vingt oppositions, c'est-à-dire sur plus de vingt procès, et où des revendications n'atteignaient pas moins de 10.000 hectares. Pour en terminer avec le service topographique, nous dirons qu'au 31 septembre 1897, son personnel comprenait, outre un chef de service et un sous-chef, cinq vérificateurs, trente-six géomètres assermentés, trois élèves géomètres et sept géomètres auxiliaires.

VIII

Deuxième revision de la loi foncière

En présence du nombre toujours croissant des réquisitions, M. René Millet, Ministre-Résident de France à Tunis, qui a toujours suivi avec sollicitude les développements de l'œuvre de l'immatriculation et dont l'esprit largement ouvert à la voie du progrès a constamment été tenu en éveil au sujet des réformes qui pouvaient activer la délivrance des titres, M. le Ministre-Résident, dans les premiers mois de l'année 1897, a réuni la Commission de revision de la loi foncière, pour parer aux réformes les plus urgentes.

Une deuxième Chambre avait été instituée à titre provisoire au Tribunal mixte et pour deux années seulement en juin 1896. En 1897, cette seconde Chambre était constituée à titre définitif; et outre le poste de vice-président déjà créé en 1896, il était créé un poste de juge-rapporteur spécialement attaché au Tribunal mixte et qui centralisait toutes les opérations dont nous avons donné plus haut l'énumération; il était créé également un poste de commis-greffier; enfin l'on établissait une audience foraine à Sousse, pour toutes les affaires d'immatriculation concernant les immeubles situés dans le ressort de ce tribunal.

Dans quelques oasis du sud, en effet, et notamment à Tozeur, les réquisitions d'immatriculation prenaient des développements inattendus; le développement de l'immatriculation dans les oasis est d'autant plus remarquable qu'il ne faut pas perdre de vue qu'une fois l'immeuble immatriculé, il échappe au statut réel musulman et par conséquent à la juridiction musulmane, pour tomber sous l'application de la loi française.

Evidemment les cadis, ou quelques cadis, voient avec un certain regret les immeubles tunisiens échapper à leur juridiction; une lettre émanant de quelques indigènes de Tozeur nous avait même signalé, il y a dix-huit mois, que le cadi avait prêché à la mosquée que les requérants d'immatriculation devraient être considérés comme renégats et comme faisant une chose contraire à la loi du Prophète. Ces accusations étaient évidemment empreintes d'exagération, car l'administration du Protectorat, à qui nous avions transmis cette lettre, a bien voulu ouvrir une enquête, de laquelle il a paru résulter que ces propos n'avaient pas été tenus par le cadi dans la mosquée de Tozeur.

Quoi qu'il en soit, les préjugés de l'indigène, sa conception des choses de la vie, cette habitude invétérée chez lui de ne pas sortir du *statu quo* sont presqu'autant d'obstacles au développement de l'œuvre de l'immatriculation chez les musulmans, et l'on a, sans y penser, apporté un obstacle de plus au développement de cette institution en supprimant leurs vieux titres auxquels les indigènes tiennent beaucoup et en leur délivrant des titres exclusivement rédigés en français et dont ils ne peuvent user dans les transmissions d'immeubles et constitutions de droits réels qu'ils veulent faire entre eux. Il y aurait lieu d'apporter un remède à cet état de choses. Nous le rechercherons plus loin.

X

Résultats obtenus depuis l'application de l'act Torrens

Il ressort des tableaux que nous publions plus loin que depuis le 1er août 1886, date de la mise en vigueur de la loi foncière, jusqu'au 1er décembre 1898, les résultats obtenus sont les suivants :

3.792 demandes d'immatriculation ont été déposées, s'appliquant à des immeubles d'une contenance de 712.168 hectares et d'une valeur déclarée de 81.613.950 fr.; sur ce nombre, les immatriculations effectives ont donné lieu à l'établissement de 2.462 titres portant sur des immeubles d'une contenance de 461.839 hectares 57 ares, et d'une valeur de 87.851.990 fr.; de plus, il a été créé 1.036 titres nouveaux par suite de mutations partielles.

Toutes ces propriétés, munies d'un titre sûr et purgées de tous les droits occultes qui pouvaient les grever, peuvent être transmises avec une sécurité complète pour l'acquéreur. En France, on adresse des critiques assez vives au cadastre actuel, parce qu'il y a lieu à un perpétuel travail de recommencement : le cadastre ne peut pas être mis à jour. Par le fonctionnement de la loi foncière, les plans sont rectifiés et mis au point lors des lotissements : le cadastre sera donc toujours en état, et quand l'œuvre de l'immatriculation sera achevée, il sera constitué tout naturellement pour la Tunisie tout entière par le fonctionnement normal de l'institution.

XI

Des mesures prises pour arriver à l'immatriculation des biens habous

Reste une catégorie de biens, dits biens habous, [1] qui ne semblaient pas devoir facilement être soumis à l'immatriculation.

Il a été pris toutefois des mesures qui permettent de prévoir que

[1] Nous avons défini plus haut ce qu'étaient les biens habous.

dans un délai assez rapproché, tous les biens de cette catégorie pourront être immatriculés.

Le recensement de ces biens a été poursuivi par le service topographique : pendant l'année 1896, 249 immeubles, comprenant 79.737 hectares, ont été recensés. Le nombre total des immeubles recensés s'élevait, au 31 décembre 1896, à 3.398 avec 123.697 hectares.

Il a été dressé 33 croquis pour constitution d'enzel, par ce même service : la superficie de ces levers est de 2.331 hectares.

Pour l'année 1897, la continuation du recensement a donné les résultats suivants : 1.042 immeubles, comprenant 3.320 hectares 81 ares, ont été reconnus pendant l'année. Le nombre total des immeubles recensés s'élevait, au 31 décembre, à 4.440 avec 127.000 hectares.

Il a été dressé, 43 croquis pour constitution d'enzel ; la superficie de ces biens est de 5.957 hectares.

XII

De l'extension apportée à la composition du Tribunal mixte

Le Tribunal mixte se composait, à son origine, de :

Un président ;
Trois magistrats français ;
Cinq magistrats musulmans dont deux suppléants ;
Un greffier ;
Un interprète judiciaire.

Aujourd'hui, il se compose de :

Un président ;
Un vice-président ;
Un juge-rapporteur ;
Six magistrats français ;
Huit magistrats musulmans, dont trois suppléants ;
Un greffier ;
Un commis-greffier ;
Un commis d'ordre ;
Deux interprètes judiciaires.

Les travaux de ce Tribunal augmentent de jour en jour et iront en croissant à mesure que le développement des institutions de crédit prendra de plus notables proportions dans ce pays, et que les indigènes seront attirés à l'immatriculation par la compréhension plus nette de leurs véritables intérêts et, nous l'espérons aussi, par les quelques mesures qu'il y aurait lieu de prendre et que nous indiquerons ci-après.

L'an dernier, l'un des interprètes judiciaires de notre Tribunal, jeune Tunisien instruit et intelligent, a fait quelques conférences en arabe pour expliquer à ses coreligionnaires l'œuvre de l'immatriculation et les bienfaits qu'elle procure au point de vue de l'assiette de la propriété. Nous avons engagé vivement M. Kairallah à continuer cette utile propagande.

Un des juges suppléants indigènes attachés au Tribunal mixte a fait aussi paraître un livre en langue arabe,[1] où il indique la concordance qui existe entre la législation immobilière française de Tunisie et la législation musulmane, et explique le fonctionnement de l'act Torrens en ce pays. Ces divers moyens employés pour faire connaître la loi foncière aux indigènes finiront par porter leurs fruits et amèneront ceux-ci et même les propriétaires des biens habous, les plus réfractaires jusqu'à présent, à faire immatriculer leurs immeubles.

Les trois Chambres du Tribunal fonctionnent avec toute l'activité désirable. Le tableau que nous publions ci-après peut en donner une idée.

M. le Conservateur de la Propriété foncière[2] a cru devoir adresser à M. le Ministre Résident, en 1897, un tableau contenant l'indication de quelques erreurs commises dans les jugements du Tribunal mixte. Ce tableau, qui n'a jamais été communiqué au président du Tribunal mixte, aurait peut-être eu besoin de commentaires; il y aurait eu lieu de se demander si l'honorable M. Malirat, qui était d'ailleurs un fonctionnaire connaissant à fond la loi foncière, mais qui s'en attribuait une part de paternité, peut-être avec raison, ne considérait pas comme erreurs quelques différences d'interprétation de certains articles de cette loi, commentés différemment par lui et par le Tribunal mixte. Nous rendons publiquement hommage à la conscience et à la sagacité qu'apportait M. Malirat dans le fonctionnement de son service; mais il avait un peu les défauts de ses qualités, et apportait parfois un peu d'absolutisme dans la défense de ses opinions. Au surplus, il est permis de se demander quel est le Tribunal de droit commun qui

(1) *Le lever des planètes*, ou recherche sur la conformité de la jurisprudence musulmane avec la loi immobilière, par M. Mohamed Essenoussi, juge à l'Ouzara, juge suppléant au Tribunal mixte.

(2) M. Malirat.

ne se trompe jamais.[1] L'on répondra que les erreurs sont plus graves devant le Tribunal mixte, parce qu'elles sont irréparables, aucun recours possible n'existant contre ses décisions, tout au moins au point de vue de l'assiette de la propriété. A cela, je dirai qu'il faut agir avec beaucoup de circonspection en matière d'immatriculation, et que les juges-rapporteurs doivent apporter un soin extrême dans la confection de leurs rapports. C'est à quoi le président du Tribunal tient la main dans toute la mesure de ses forces.

Durant l'année 1897, les jugements rendus par la seconde Chambre mixte ont été supérieurs en nombre à ceux rendus par la première. Quelques personnes ont paru en induire que la première Chambre n'avait pas été à la hauteur de la seconde au point de vue de l'activité déployée dans chaque Chambre. Ces personnes ignoraient qu'en matière d'immatriculation, ainsi que nous l'avons déjà dit plus haut, « *non numerantur, sed ponderantur* », autrement dit, que ce n'est pas au point de vue du nombre des dossiers terminés, mais à celui de leur qualité, c'est-à-dire du nombre des oppositions à juger et des difficultés à résoudre, qu'il faut se placer pour apprécier le travail qui a été fait. Pour n'en donner qu'un exemple, la première Chambre a eu à s'occuper de l'immatriculation de la propriété dite de « l'Enfida »[2]; cette propriété, d'une contenance d'environ 100.000 hectares, a donné lieu à plus de vingt revendications, c'est-à-dire à plus de vingt procès, et parmi ces revendications, il en était qui n'atteignaient pas moins de 10.000 hectares. Cette affaire, à elle seule, a exigé un transport d'un mois sur les lieux, effectué par le président du Tribunal, et près de

(1) Les jugements réformés par les Cours d'appel varient dans les proportions de 30 à 32 % environ.

(2) « L'Enfida » est cette fameuse propriété qui a presque été l'une des causes de l'établissement du Protectorat en Tunisie. D'une contenance d'environ 100.000 hectares, elle appartenait au ministre Kheïr-ed-Dine, qui, pour mettre ses biens à l'abri, s'était empressé de les vendre, en 1879, à une société française. Un sujet anglais, un sieur Lévy, lequel sentait bien qu'une acquisition aussi importante par une société française pouvait donner un avantage sérieux à la France, avait voulu exercer le droit de préemption, c'est-à-dire user de ce droit qui autorise le voisin immédiat, en droit musulman, à se rendre acquéreur, moyennant un prix égal, d'un immeuble qui touche à sa propriété. Pour parer à cette éventualité, le propriétaire de « l'Enfida » avait vendu toute cette propriété presque d'un seul tenant, en se *réservant un mètre de terrain tout autour*. De cette façon, le sieur Lévy, qui n'était plus voisin immédiat, puisque sa propriété à lui était séparée de « l'Enfida » par un mètre de terre, ne pouvait plus, aux termes du droit musulman, exercer le droit de préemption.

deux mois et demi de travail de cabinet pour la rédaction du rapport. C'est ainsi que le nombre des affaires jugées à la première Chambre a été numériquement inférieur à celui de la seconde, car autant que possible et lors de la confection du rôle, le président réserve les plus grosses affaires à la première Chambre.

Un assez grand nombre d'affaires sont actuellement retardées par des expertises en cours. Ces retards sont souvent imputables aux parties, qui ne versent pas à la Conservation la somme provisoirement évaluée par le Président et nécessaire pour effectuer l'expertise. Ils sont parfois imputables aux experts eux-mêmes et au juge-rapporteur, qui ne transmet pas aux experts le dossier quand la provision est versée.

Des mesures très actives sont prises en ce moment par le président pour faire terminer ces instances :

1° En ce qui concerne les parties, le président va faire reporter au rôle toutes les affaires où les parties n'ont pas consigné, et les affaires seront rayées, faute de consignation, afin de ne pas laisser s'éterniser les bornes d'immatriculation sur les immeubles non immatriculés, ce qui serait un danger ;

2° En ce qui concerne les experts, il va être adressé des lettres de rappel à tous les experts, et le président changera d'office ceux qui n'auront pas répondu suffisamment à ces lettres de rappel ;

3° En ce qui concerne le juge-rapporteur, des instructions sérieuses lui ont été données par le président du Tribunal pour qu'il transmette sans délai aux experts les dossiers dans lesquels les parties ont consigné.

Nous avons indiqué ci-dessus toute l'importance de la mission du Tribunal mixte. Le président du Tribunal mixte est heureux de rendre hommage à l'utile collaboration de la plupart de ses collègues, et notamment à celle de MM. les membres musulmans du Tribunal, lesquels, avec un traitement bien modeste (et les juges suppléants n'en ont même aucun) rendent de grands services aux magistrats français et leur ont évité parfois bien des surprises et empêché bien des spoliations, quand ils ont été sérieusement consultés.

Le Gouvernement Tunisien, en présence du travail qui va toujours en augmentant au Tribunal mixte, a bien voulu déléguer un juge de paix pour aider le juge-rapporteur dans ses travaux. Ce magistrat rend de grands services au Tribunal.

DEUXIÈME PARTIE

Des diverses réformes qu'il y aurait lieu d'apporter actuellement à la loi foncière

Nous pensons qu'il y aurait lieu de réunir la Commission de la loi foncière et de lui soumettre diverses questions dont la solution serait éminemment profitable à l'œuvre de l'immatriculation.

I

Traduction en langue arabe des titres délivrés par le Conservateur

Les réquisitions d'immatriculation déposées jusqu'à présent à la Conservation foncière l'ont été surtout par des Européens. [1] Il s'agirait d'amener les indigènes à recourir dans une large mesure à cette œuvre si profitable au développement économique de la Régence.

Une des grandes objections que font les indigènes musulmans à l'immatriculation, c'est qu'au moment de la délivrance du titre francais on les dépouille de leurs vieux titres arabes et qu'on leur donne un titre rédigé en français et dépourvu de toute traduction. Or, ces vieux titres, les indigènes y tiennent beaucoup, surtout parce qu'ils les lisent facilement, et que dans les transmissions d'immeubles qu'ils se font entre eux, ils savent exactement ce qui est dit au sujet de l'immeuble. En outre, ces vieux titres, remontant souvent à une date très ancienne contiennent, la généalogie de leur famille et pour ainsi dire l'histoire de cette famille et celle de leur immeuble.

Surtout dans le sud, et notamment à Tozeur, où l'immatriculation semble prendre certain développement, il y aurait lieu de délivrer des titres traduits en tout *ou en partie* en langue arabe. Et chaque fois qu'après la délivrance du titre par M. le Conservateur une transmission de la propriété aurait lieu entre indigènes musulmans, ou qu'une constitution de droits réels serait établie par les ayants droit, il conviendrait également de traduire sommairement ces transmissions, mutations de propriétés, constitutions de droits réels, etc., etc., l'on pourrait aussi insérer quelques anotations arabes dans le plan joint au titre.

M. le Conservateur devrait, au surplus, tout en annulant les vieux

[1] Voir tableau B : la proportion des réquisitions indigènes au regard des réquisitions d'européens et israélites tunisiens est d'environ 15 et 16 %.

titres, pouvoir les communiquer aux parties, quand elles auraient besoin de les consulter au point de vue des documents de généalogie qui y sont contenus.

Deux cas se présentent en effet dans la pratique :

1° Le titre arabe produit à l'appui de la réquisition concerne toute la propriété et rien que la propriété immatriculée.

Dans ce cas, M. le Conservateur appose sur ces titres la mention d'annulation, et les annexe à ses archives; ils ne sont plus, en ce cas, dans la circulation ;

2° Le titre concerne, outre la propriété immatriculée, d'autres propriétés non comprises dans l'immatriculation.

Dans ce cas, M. le Conservateur remet le titre aux parties, après l'avoir revêtu d'une mention d'annulation bien apparente en français, suivie de la traduction en arabe, certifiée par un interprète assermenté. La mention porte que le titre est annulé, mais seulement en ce qui concerne la ou les parcelles immatriculées sous le nom de..... « faisant l'objet du titre n°..... ». M. le Conservateur retient d'ailleurs par devers lui les traductions françaises de ces titres.

Dans ces conditions, les tiers ne peuvent être trompés, et les craintes que nous manifestait l'un des honorables directeurs d'une banque de Tunis, au sujet de la circulation de ces titres non entièrement annulés, ne paraissent pas fondées. Le Tribunal mixte se fait d'ailleurs remettre tous les titres des co-propriétaires ou co-enzélistes, quand un co-propriétaire ou un co-enzéliste demande l'immatriculation d'une propriété indivise reposant sur plusieurs titres.

En tout cas, la Commission devra être appelée à résoudre d'une façon pratique toutes les questions se rattachant à cette première modification de la loi foncière.

II

Réglementation précise des droits à l'eau dans les titres

Dans les oasis du sud de la Régence, la question de réglementation des eaux est d'importance primordiale. Or, les requérants une immatriculation produisent quelquefois des titres qui donnent des renseignements très vagues sur la prise d'eau à laquelle ils ont droit et qui fait corps avec leur propriété, et les voisins ne savent pas au juste s'ils doivent faire ou non opposition et quels sont exactement les droits du requérant. Il faudrait pour ainsi dire faire une enquête spéciale dans chaque affaire particulière pour faire concorder plus tard les différentes incriptions qu'il y a lieu d'insérer de ce chef dans les titres délivrés par le Conservateur.

J'estime qu'il y aurait lieu à une entente préalable à ce sujet entre le Président du Tribunal mixte, le Chef du Service Topographique et le Conservateur de la Propriété Foncière.

L'on pourrait décider, notamment, qu'un géomètre assisté d'un interprète assermenté, et spécialement au courant de ces questions, rassemblerait les voisins et intéressés au moment d'un bornage, et qu'il insèrerait d'une façon détaillée, précise et exacte, dans son procès-verbal, quels sont les droits du requérant et s'ils concordent bien avec ceux des co-intéressés. Ce procédé n'est qu'une indication et la Commissson serait appelée à se prononcer sur les voies et moyens les plus pratiques à mettre en œuvre pour trancher cette question.

III

De quelques modifications que l'on pourrait apporter dans les opérations du Service Topographique

Nous avons vu plus haut que le Service Topographique avait une mission très complexe et fort importante. Malgré la vigoureuse impulsion qui lui est donnée par son chef, il sera toujours difficile à ce Service d'accomplir rapidement toutes les opérations qu'il doit effectuer, et dans ce cas l'on peut se demander s'il ne conviendrait pas de décider par exemple :

1° Qu'une partie pourra toujours faire procéder au bornage provisoire par un géomètre privé et déposer le plan, avec la réquisition, à la Conservation de la Propriété foncière : le Service Togographique n'aurait plus dès lors qu'un contrôle à effectuer.

Il est bien entendu que le géomètre du Service Topographique se rendrait sur les lieux et procéderait lui-même au bornage des revendications que formeraient les opposants.

2° Qu'en matière de morcellement de la propriété, soit pendant l'instance, soit après la délivrance du titre, le bornage pourrait être ait par un géomètre pris en dehors du Service Topographique.

Ce Service pourrait dès lors s'adonner de suite à l'accomplissement des mesures que lui prescrit le Tribunal mixte dans ses décisions, et une question un peu irritante, qui n'a jamais été résolue bien carrément, pourrait ne plus présenter les mêmes difficultés dans la pratique.

Tous les hommes d'affaires se plaignent, en effet, de la fâcheuse situation de l'immeuble, quand le Tribunal a prononcé son jugement d'immatriculation et ordonné en outre certaines mesures qui doivent être accomplies par le Service Topographique. Dans ce cas, l'immeuble peut rester des mois entiers sans que le titre soit délivré, et sa situation offre de véritables dangers. Car, pendant cet espace de temps, le Tribunal étant dessaisi, les actes de mutations ou autres ne peuvent être reçus au greffe, et M. le Conservateur refuse également de les recevoir, le titre n'étant pas délivré. Il faudrait donc que le Service Topographique fût en mesure d'effectuer, presqu'aussitôt qu'elles sont ordonnées, les mesures prescrites par le Tribunal : or, ce n'est qu'autant que le Service Topographique sera allégé dans ses occupations multiples, qu'il pourra procéder rapidement à ces mesures d'exécution.

Une mission importante devrait être donnée au Service Topographique, en matière de bornage d'immeubles urbains. Il arrive souvent que diverses parties d'une maison arabe sont détenues par des propriétaires différents, ou que deux immeubles s'enchevêtrent l'un dans l'autre, etc. Or, un requérant de mauvaise foi peut, ainsi que cela est arrivé tout récemment, faire borner son immeuble sans avertir le géomètre qu'il a des copropriétaires dans ledit immeuble. Ceux-ci, qui peuvent être absents lors du bornage, et qui d'ailleurs ne sont pas avertis suffisamment par les quelques traits de couleur qu'appose le géomètre sur la maison pour figurer les bornes d'immatriculation, ne font pas opposition, et le tour est joué : la partie de leur immeuble est comprise sans rémission dans l'immeuble du requérant.

Pour déjouer ces fraudes, il conviendrait de donner au Service Topographique le droit d'enquêter d'office dans tout l'immeuble, d'interroger les habitants, les voisins, etc., de façon à inscrire dans son procès-verbal de bornage tout ce qui lui paraîtrait présenter quelque intérêt au point de vue des droits des co-propriétaires apparents ou non de l'immeuble en question. Il en serait de même pour les servitudes.

IV

Fixation de l'époque du payement des droits d'immatriculation

La fixation de l'époque où l'on doit se placer pour payer les droits d'immatriculation devra également être tranchée par la Commission. Actuellement, cette question est résolue contre le requérant, en ce sens que M. le Conservateur estime que c'est au moment du jugement d'immatriculation qu'il faut se placer pour évaluer la valeur de l'immeuble. Or, par suite d'enquêtes, d'expertises, de retards dans la confection du plan, l'instance peut durer deux ou trois ans, et pendant ce temps le requérant a pu édifier des constructions importantes, faire des plantations de vignes, et donner, en un mot, une plus-value importante à son immeuble. Il ne paraît pas équitable de le rendre responsable des retards parfois indépendants de sa volonté et de lui faire payer des frais d'immatriculation basés sur la plus-value qu'il a donnée à l'immeuble pendant cet espace de temps. A notre avis, et c'est l'esprit de la loi foncière, si ce n'en est le texte précis, c'est à l'époque de la réquisition que l'on doit se placer pour évaluer la valeur de l'immeuble et par conséquent les droits que l'on doit percevoir. Nous savons, au surplus, que des capitaux importants ont été retirés de Tunisie, par suite de cette fixation un peu arbitraire faite de la valeur de l'immeuble.[1]

V

Mesures provisoires à prendre pendant l'instance d'immatriculation

Pendant l'instance d'immatriculation d'un important immeuble rural, il peut être nécessaire d'ordonner des mesures provisoires, telles que nomination de séquestre, restitution de la possession indûment usurpée, etc. L'on s'est demandé quelle autorité devait prendre ces mesures pendant la durée de l'instance. Or, cette question est irritante surtout dans le sud, où des familles et des tribus même se disputent la possession de certains immeubles en instance d'immatriculation. L'honorable contrôleur de Sousse[2] nous a même signalé que des difficultés graves étaient soulevées dans certaines parties de son contrôle au sujet de cette question.

Pour nous, la réponse n'est pas douteuse. Pendant la durée de l'instance d'immatriculation, l'immeuble reste soumis au statut réel musulman. C'est donc au cadi et aux tribunaux musulmans à ordonner ces mesures provisoires entre indigènes, même entre Européens et indigènes.

(1) Par nn décret en date du 6 décembre 1898, inséré dans le *Journal Officiel Tunisien* du 24 décembre, cette question vient d'être tranchée en faveur des requérants : toutefois, une disposition transitoire décide que pour les immeubles en cours d'immatriculation, les droits seront perçus au jour de la promulgation du décret. Cette dernière disposition peut être encore grosse de conséquences...

(2) M. le colonel Abriat. Celui de Souk-el-Arba, M. Camussi, nous le signale également.

Toutefois, la question pourrait se poser de savoir s'il n'y aurait pas intérêt à donner au Président du Tribunal mixte, et par délégation aux juges de paix à compétence étendue, le pouvoir de trancher ces questions. Il faudrait seulement que les sentences de ces magistrats fussent sanctionnées par une décision de S. A. le Bey; la Commission devra établir la procédure à suivre en pareil cas.

VI

Révision des décisions du Tribunal mixte.

Nous avons vu plus haut que les décisions du Tribunal mixte sont sans recours et que cela peut présenter quelquefois d'extrêmes dangers.

La Commission pourrait rechercher s'il n'y aurait pas lieu, dans certains cas déterminés, de permettre à des tiers qui n'auraient pas été appelés à la procédure par suite d'une erreur, soit de faire tierce opposition au jugement d'immatriculation, dans un très bref délai, devant le Tribunal mixte, soit de se pourvoir devant une juridiction spéciale qui serait établie dans ce but; elle pourrait rechercher enfin si l'appel, possible dans certains cas à Madagascar, produit d'heureux résultats dans la mise en application de la loi foncière dans notre grande île africaine. Nous avons pris déjà à ce sujet des renseignements auprès de M. le Procureur général de Tananarive, et nous attendons la réponse de ce haut magistrat.

VII

Personnel du Tribunal mixte

Le personnel du Tribunal mixte paraît suffisant à Tunis; toutefois, l'adjonction d'un juge-rapporteur suppléant paraît s'imposer si la mesure ci-après n'était pas prise à Sousse.[1]

Le développement de l'immatriculation dans le sud semble exiger qu'il soit créé à Sousse un poste de commis-greffier et un poste d'interprète judiciaire spécialement attaché au Tribunal mixte. En même temps, il pourrait être désigné un juge rapporteur à Sousse, qui ferait la procédure et rapporterait les affaires à l'audience de Sousse quand le tribunal s'y transporterait. Le commis-greffier installé à Sousse

(1) Le Gouvernement Tunisien a désigné l'un des juges de paix de Tunis pour remplir à titre provisoire les fonctions de juge-rapporteur suppléant. Cette mesure a produit jusqu'ici d'excellents résultats.

serait chargé de la garde des dossiers et de la garde des titres de propriété.

Cette nouvelle installation permettrait de n'avoir à Tunis qu'un seul juge-rapporteur; au surplus, le juge suppléant du Tribunal civil de Sousse, qui est juge au Tribunal mixte, pourrait être chargé de ces fonctions, si M. le Président du Tribunal civil estimait que ce magistrat peut consacrer une partie de son temps à l'étude des dossiers (laquelle demande un soin si minutieux) et à la marche de la procédure devant le Tribunal mixte.

Telles sont les principales questions sur lesquelles nous voudrions attirer l'attention de la Commission. Il en est d'autres encore qui pourraient être utilement étudiées. Nous avons prié MM. les contrôleurs civils et MM. les juges de paix, que leurs fonctions mettent à même de connaître de plus près les besoins et les vœux des indigènes, de nous faire connaître les questions qui, selon eux, pourraient être utilement soumises à la Commission de réformes.[1]

En tout cas, la loi foncière de Tunisie n'a besoin que d'être amendée, et elle ne subira pas le sort de la loi sur la propriété promulguée en Algérie en 1873, qu'on a dû laisser tomber en désuétude et remplacer par une loi plus récente, laquelle ne paraît pas satisfaire encore les hommes d'affaires et les savants théoriciens[2] qui l'ont déjà commentée.

(1) Nous avons reçu déjà des réponses de MM. les Contrôleurs Tauchon, Camussi, Klepper, Fidelle, Advier, Pomonti, de Dianous et Liotier, juge de Paix, auquels nous adressons nos remerciements.

M. le bâtonnier des avocats et M. le syndic des avoués nous ont également promis une note sur les principales réformes qu'ils voudraient voir réaliser.

(2) Mercier, loi du 16 février 1897. (*Algérie nouvelle*, 1897.)

ANNEXES

Lettre de M. l'Ingénieur, Chef du Service Topographique

Tunis, le 29 avril 1898.

Monsieur le Président,

Par votre lettre du 22 avril, vous avez bien voulu me communiquer les observations motivées par mes états de demande de prorogation du 28 février et du 31 mars. Sur trente-huit plans du premier mois et quarante-quatre du second, remis dans les délais fixés par l'article 29 de la loi foncière, c'est-à-dire moins de trois mois après la publication de la clôture du bornage provisoire, un seulement du premier groupe et huit du second ont été livrés moins de cinq mois et demi après le dépôt de la réquisition. Les affaires semblent par suite avoir subi des retards.

Je m'empresse de reconnaître, ainsi que je l'ai fait déjà par mes lettres du 30 juin 1897 et du 25 février dernier, que le service n'est pas encore complètement à jour; je continue à mettre tous mes soins à activer la marche des affaires d'immatriculation et je compte aboutir avant la fin de l'exercice à une situation définitive beaucoup plus satisfaisante.

Mais je ne puis me dispenser de vous présenter quelques observations au sujet du calcul des délais qui figure dans votre lettre précitée.

Bien que le Service topographique ne puisse être rendu responsable du premier délai de dix jours qui concerne le Conservateur, je passe sur cette phase de la procédure qui subit rarement des retards.

Le second délai de quarante-cinq jours est celui dont dispose le Chef du Service topographique pour faire procéder au bornage. Il a toujours été entendu que ce délai est celui dans lequel doit avoir lieu le rendez-vous du bornage. C'est ainsi que l'ont toujours compris les juges de paix, de 1886 à 1892. C'est ainsi que l'a compris la Commission des frais de justice, lorsqu'elle a réduit à quarante-cinq jours pour le Service topographique et avec mon assentiment le délai de trois mois dont jouissaient précédemment les juges de paix. Cette interprétation résulte d'ailleurs clairement du texte; celui-ci permettrait même d'aller plus loin et de soutenir que c'est la fixation et la publication mêmes du bornage, lesquelles précèdent le rendez-vous de vingt jours, qui doivent être faites dans les quarante-cinq jours.

Or, il est manifestement impossible de publier la clôture de bornage le jour même de l'ouverture des opérations sur le terrain. D'abord celles-ci peuvent durer des semaines soit par suite de l'importance de l'immeuble, soit par suite de difficultés diverses motivant des renvois. Ces difficultés peuvent provenir du fait du requérant (manque de bornes ou renseignements incomplets), ou des tiers, ou de faits d'ordre général comme le contact de l'immeuble à borner avec des propriétés déjà immatriculées, sur lesquelles il faut éviter d'empiéter, contact nécessitant la reconnaissance et l'application de plans antérieurs, etc., etc.

Ensuite, il m'a toujours paru impossible de publier la clôture avant d'être informé de cette clôture par une pièce officielle. J'ai toujours attendu que le procès-verbal des opérations sois dressé et clos ; j'attendais, il y a quelques mois encore, d'avoir vu moi-même le dossier. J'ai dû reconnaître que ce visa retardait outre mesure la publication à l'*Officiel ;* j'ai eu l'honneur de vous indiquer par ma lettre du 25 février dernier les mesures de décentralisation que je prenais dans ce sens ; la clôture sera toujours publiée de un à deux mois au plus tard après les opérations de terrain.

Cette décentralisation pourra déjà présenter des inconvénients et les procès-verbaux de bornage que je n'aurai pas vus en temps utile pourront être dressés avec moins de précision et de clarté. Il me paraît en tous cas impossible d'aller plus loin et je ne puis publier une clôture de bornage avant qu'un vérificateur se soit assuré que les opérations ont eu lieu, et dans des conditions régulières.

Il faut donc prévoir, entre l'expiration du délai de quarante-cinq jours et l'ouverture de celui de trois mois, un intervalle qui ne peut guère être inférieur à un mois et qui ne dépassera deux mois que dans des cas exceptionnels.

Au lieu de cinq mois et demi, c'est donc six mois et demi ou sept mois et demi qu'il faut prévoir entre le dépôt de la réquisition et la remise du dossier complet du Service topographique.

C'est à l'observation régulière de ce délai que je suis arrivé déjà pour le territoire de la ville de Tunis ; le même résultat est acquis pour la région de Sousse (contrôles de Sousse et de Kairouan) ; pour celle de Sfax (moins les contrôles de Gafsa et de Tozeur) ; j'y arriverai très prochainement pour la banlieue de Tunis ; soit ensemble 70 °/₀ du nombre des affaires.

Dans les régions éloignées, il est plus difficile d'arriver à un régime parfaitement régulier. Un géomètre, en résidence éloignée, peut être retenu trois ou quatre mois par une seule affaire très importante pendant l'expédition de laquelle les affaires nouvelles du même caïdat subissent forcément du retard. Cette situation s'est produite, par exemple, pour Souk-el-Arba et Bizerte, elle ne peut disparaître avant plusieurs mois, malgré le nouvel accroissement du personnel des géomètres que j'ai récemment obtenu.

En résumé, un délai de sept mois environ après le dépôt de la réquisition est nécessaire, dans les cas ordinaires et sans incidents particuliers, pour mettre une affaire en état, et des exceptions assez nombreuses doivent rester prévues pour les affaires très importantes ou présentant des difficultés ou incidents particuliers.

Veuillez agréer, Monsieur le Président, l'assurance de ma haute considération.

L'Ingénieur,
Chef du Service topographique,
(Signé) : PIAT.

TABLEAU A. — Statistique de l'Immatriculation Foncière

Réquisitions déposées et Titres délivrés jusqu'au 31 décembre 1898

ANNÉES	RÉQUISITIONS DÉPOSÉES			TITRES DÉLIVRÉS		
	NOMBRE	CONTENANCE	VALEUR	NOMBRE	CONTENANCE	VALEUR
		hectares	francs		hectares ares	francs
1886	22	13.094	1.289.280	»	»	»
1887	16	5.200	498.257	8	1.877 35	229.140
1888	33	24.531	1.090.417	53	7.257 13	1.143.845
1889	44	10.415	915.339	67	11.334 71	954.234
1890	44	28.005	1.673.488	80	17.949 70	963.315
1891	35	10.533	853.404	70	10.153 85	928.087
1892	293	88.332	7.676.605	67	6.881 04	1.459.876
1893	457	246.836	13.198.059	201	36.002 66	3.497.503
1894	489	42.994	10.100.898	288	13.724 32	5.428.081
1895	571	158.676	13.350.826	522	38.101 72	6.182.354
1896	633	43.891	10.187.347	579	28.249 94	6.222.894
1897	572	21.290	12.404.549	841	33.882 71	11.104.578
1898 au 31 déc.	666	28.517	9.658.501	855	59.720 01	12.643.154
TOTAUX	3.872	722.314	82.896.970	3.621 (1)	265.065 14	50.857.031

(1) Dans ce nombre sont compris 1116 titres provenat de mutations.

TABLEAU B. — Renseignements divers

Réquisitions déposées jusqu'au 1er janvier 1898 : 3.215

Qualité des immeubles	urbains		1.683
	ruraux		1.532
		TOTAL	3.215
Contenances déclarées			749.605 hectares.
Valeur déclarée			73.524.859 francs.
Nationalité des requérants	1° Européens se décomposant ainsi :	Français	1.439
		Italiens	518
		Anglo-Maltais	162
		Grecs	21
		Allemands	7
		Suisses	9
		Espagnols	30
		Belges	14
		Hollandais	21
		Autrichiens	1
		Autres	57
	2° Tunisiens (dans lesquels sont compris les indigènes et les israélites tunisiens)		925
		TOTAL	3.204
Qualité des requérants	propriétaires	2.215	3.204
	enzélistes	989	

TABLEAU C

Jugements prononcés par le Tribunal mixte jusqu'au 1er janvier 1898

Nombre total : 3.517.	
Jugements d'immatriculation	2.089
— de radiation	68
— de rejet	66
— préparatoires	1.127
— d'homologation	197
Actions en revendication jugées	3.660
Hectares immatriculés	287.048

TABLEAU D. — *Année 1898*

Réquisitions déposées : 666.

Nationalité des requérants :

Européens	Français	192	368
	Italiens	115	
	Anglo-Maltais	35	
	Nationalités diverses	26	
Indigènes	Musulmans	167	298
	Israélites tunisiens	131	
		Total	666

Jugements rendus par le Tribunal Mixte

Jugements d'immatriculation prononcés	499	1.044
Revendications jugées	508	
Autres jugements	37	

RÉCAPITULATION GÉNÉRALE jusqu'au 1er janvier 1899

Réquisitions déposées : 3.881.

Nationalité des requérants	Européens	2.647	3.881
	Indigènes (y compris les Israélites tunisiens)	1.223	
	Nationalités diverses	11	
Jugements rendus	nombre total		4.591
	jugements prononçant l'immatriculation		2.588
Actions en revendication jugées			4.168
Hectares immatriculés (en comprenant l'Enfida)			387.048
Titres de propriété délivrés (y compris 1.116 provenant de mutations)			3.621

www.ingramcontent.com/pod-product-compliance
Ingram Content Group UK Ltd.
Pitfield, Milton Keynes, MK11 3LW, UK
UKHW022203190726
13855UKWH00004B/1596

9 782013 02847